CHEMIN DE CROIX

PAR LES

ESPRITS CÉLESTES

DONNÉ AU MÉDIUM

Mᵐᵉ A. T.

Années 1898-1899

PARIS
CHAMUEL, ÉDITEUR
5, RUE DE SAVOIE, 5

1899

CHEMIN DE CROIX

CHEMIN DE CROIX

PAR LES

ESPRITS CÉLESTES

DONNÉ AU MÉDIUM

Mme A. T.

Années 1898-1899

PARIS

CHAMUEL, ÉDITEUR

5, RUE DE SAVOIE 5,

—

1899

PROLOGUE

Amis lecteurs, compatissants à mes souffrances, qui relirez attentivement toutes les phases de ma Passion, je vous en saurai gré pour la gloire de mon Père qui est aussi le vôtre.

Puissiez-vous, chers amis, méditer sérieusement pour votre perfection. Dieu ne veut être que loué et aimé. Faites tous les jours votre prière à ce Dieu d'amour ; dites lui tout ce qui vous viendra du cœur et vous verrez comme vous serez soutenus dans vos combats, dans vos peines ; vous vous sentirez plus charitables, plus patients, plus doux. Ah ! la douceur, cette vertu par excellence, puissiez-vous l'acquérir, elle vous en obtiendra d'autres. Ecoutez ma voix et les enseignements contenus dans le chemin de la croix. Relisez souvent ce petit livre, unissez-vous avec moi par la pensée et je vous soutiendrai, je vous bénirai. Puissiez-vous comprendre ce que veut dire le règne de Dieu, c'est à dire que tout le genre humain ne forme qu'un ; que tous les hommes d'ici bas soient frères.

Le règne de Dieu c'est l'amour de ce Dieu par dessus

tout, l'aimer pour sa bonté, pour sa justice, pour son amour ; l'aimer comme un fils chéri doit aimer son père. Cet amour est le seul but de votre vie à venir ; jusqu'au dernier souffle, pensez à cette divinité qui est le centre de tout, où vous devez arriver un jour.

Jésus

Les Apôtres

Les apôtres étaient les amis intimes de Jésus, ses condisciples par les mœurs, les habitudes. Même vie, même nourriture, ils mangeaient avec le Maître, tous étaient plus ou moins des hommes grossiers moins Jacques, Jean et Jude, parents de Jésus, ayant appris, presque dès l'enfance, la loi de Dieu enseignée déjà par ce prophète de Dieu qui était son vrai médium. Du même âge, ils ont vécu de la vie sacerdotale et divine. Jean était toutefois le plus jeune ; Jésus le désignait sous le nom de Bien-Aimé : il était le plus digne, le plus pur entre tous, les deux frères Jacques et Jean, Jésus les appelait souvent : fils du tonnerre, parce que leurs enseignements étaient sûrs et rapides comme ceux de Jésus. Mais les autres apôtres plus vieux comme Pierre, André, Philippe, Barthélemi, Thomas, Simon étaient de simples pêcheurs, Thadée, Mathieu étaient du peuple et écrivains publics, Judas, scribe dans sa tribu, était le trésorier des douze. Ce fut le plus grand malheur d'avoir pris ce traître parmi nous. Mais tous les douze furent inspirés par la médiumnité de Jésus qui leur imposait les mains avant qu'ils partissent prêcher. Vous, spirites, vous êtes les apôtres de la dernière heure. Vous, médiums, si vous exécutez bien la volonté de Dieu ou de vos guides, lorsque nous vous dictons nos volontés, vous êtes ces douze qui suivaient Jésus et comme eux, si vous êtes choisis pour annoncer la vérité, vous êtes les favorisés. Mais ne vous attendez pas à être choyés. Comme les apôtres qui allaient à pied, bien fatigués, par les bourgades, prêchant comme vous la vérité, vous êtes plus heureux parce que dans vos réunions vous pouvez prêcher aux âmes incarnées et désincarnées. A celles-ci surtout que charité aille ardente et généreuse, Dieu vous le rendra.

Saint Mathieu *Évangéliste*.

Les Disciples

Les apôtres étaient au nombre de douze : Pierre, Jean, Jacques, Jude, André, Thaddée, Philippe, Barthélemi, Simon, Mathieu, Thomas, Judas. Ceux-ci enseignaient la loi de Dieu comme le Maître et, avant de partir, recevaient l'imposition des mains, le souffle de Jésus pour prêcher divinement comme lui. Cette imposition leur conférait la plus grande médiumnité de Jésus : la guérison. Ils allaient donc par les villes, les bourgades, prêchant, baptisant guérissant les malades et les infirmes. Les apôtres secondaient directement Jésus. Les disciples plus nombreux, comme Joseph d'Arimathie, Nicodème, Lazare, Simon le lépreux, Zathée et une foule d'autres qui suivaient et servaient Jésus, lui donnaient asile et leur fortune. Aussi ardents que les apôtres, ils faisaient des prosélytes, excepté les femmes qui servaient Jésus et les apôtres. Mais de riches Saducéens et même Samaritains étaient les vrais servants. Tous étaient frères et si les Nazaréens et Galiléens triomphaient dans le nombre, c'était la chaîne puissante qui soutenait ces multitudes de disciples fervents qui écoutaient et formaient escorte à ce divin Jésus roi entre nous tous par sa vertu, son digne sacerdoce, d'être le médium de Dieu. Il nous en imposait par sa beauté divine, regard qui pénétrait au fond de l'être, puissance attractive qui faisait qu'on le suivait malgré soi. Les disciples restaient dans l'ombre et souvent inactifs; presque tous plus civilisés que les apôtres, ils apportaient une solidité éprouvée à l'édifice de la religion du Maître et furent aussi fidèles que nous à ses derniers moments. Comme nous, les disciples implantèrent la croix parmi les peuples barbares et lorsque Jésus se fit voir après sa mort, il n'oublia pas ses disciples. Presque tous les disciples, après la mort de Jésus, nous escortaient et nous aidaient dans nos prédications.

Nous nous entendions à merveille. Ainsi pour vous, spirites, apôtres et disciples, ne faites qu'un, unissez-vous pour la même cause, celle de Dieu, et la vraie loi que vous annoncez, vous en recevrez un jour la récompense par nous qui vous guidons et servons comme les fidèles disciples.

Saint Pierre *Apôtre*.

Médiumnité de Jésus aux Apôtres

Jésus avait toutes les médiumnités, mais la plus forte était la guérison. Pour nous donner la parole facile et évangélique, il nous prenait la tête en avant, en arrière, et soufflait sur notre crâne, puis nous imposait les mains sur le cœur afin qu'il battît à l'unisson du sien mais qu'il eût. Aussi son ardente charité ainsi préparés nous allions par les hameaux, les bourgades, parlant clairement, enseignant la loi de Dieu; nous guérissions les infirmes afin que notre loi fut suivie et crue ; nous chassions les démons, esprits obsesseurs, du corps des possédés ; cela nous réussissait toujours parce que le fluide puissant de Jésus nous accompagnait et rayonnait en autant de divisions que nous étions. On revenait chercher du fluide lorsque nous sentions notre ardeur se ralentir et la peur nous prenant de ne pas accomplir de miracles nous ne guérissions pas. Jésus nous disait à notre retour : « Hommes de peu de foi, allez et guérissez au nom de Dieu » Sans nous imposer les mains, son regard était si fluidique que nous en étions imprégnés. Puis le don de seconde vue si développé chez Jésus venait souvent à notre idée lorsqu'au loin nous communiquions par la pensée avec notre Maître. Lui, par son magnétisme puissant nous attirait et nous envoyait prêcher, guérir pendant des semaines, sans qu'il renouvelât son magnétisme, cela vers la fin de sa vie. Jésus était ravi lorsque nous revenions avec de réels succès pour la cause de sa loi qui n'était que celle de Dieu. Pourtant, la cause si naturelle du magnétisme que nous ne connaissions pas et que nous ne pouvions expliquer était là tout le mystère de la forte médiumnité de Jésus. Plus notre vie avec lui fut longue, plus notre médiumnité se développait et, après sa mort, nous réussîmes pendant quelques années, mais, vers ma vieillesse, le perdant et succombant au milieu d'infidèles et incroyants, en Achaïe, je ne voulus pas subir la peine de mort comme mon divin maître mais en côté et je fus crucifié comme lui. c'est pour cela qu'on appelle ainsi ma Croix.

Que Dieu vous garde.

Saint André *Apôtre.*

Pierre-Simon

Pierre était un simple pêcheur. Un jour que Jésus passait près de la mer, il vit des pêcheurs raccommodant leurs filets causer amicalement sur le rivage; Jésus qui voulait avoir ses douze apôtres, avoir sa cour en un mot, comme Jean, son cousin, le baptiseur, avait la sienne, Jésus s'approcha et Simon-Pierre se levant le salua, reçut tout ému le regard de Jésus et ne sut que dire, il était déja conquis. « Laisez là vos filets, dit Jésus, et suivez-moi ; au lieu de pêcheurs de poissons, je vous ferai pêcheurs d'hommes ». Il ne comprit pas, mais laissant là tout avec ses quatre compagnons dont un, André, était son frère, il suivit Jésus. Pierre était d'un âge mûr, intelligent et homme de cœur ; il aima son maître de suite et comprit vite sa doctrine ; il est vrai que Jésus expliquait à ses apôtres plus souvent qu'au peuple assemblé. Ils vinrent donc en Béthanie, près de Jérusalem, et là, les trois cousins de Jésus, Jacques et Jean, fils de Zébédée, et Jude, vinrent les rejoindre et, à quelque distance, les douze furent réunis. Ils s'installèrent à Jérusalem et Pierre fut réellement le premier des douze. Jésus lui donnait toute sa confiance et se reposait sur son intelligence et lui confiait d'autres disciples pour aller prêcher au loin. A l'instant du procès de Jésus, Pierre renia son maître avec les serviteurs du grand prête afin qu'on ne le prit pas pour un galiléen, mais se rappelant sa faute, il se trouva sur le passage de Jésus pour lui demander pardon, qu'il obtint. A la mort de notre maître, Pierre fut le chef des apôtres non seulement par la volonté de Jésus, mais par son autorité, son âge. Après que le Sauveur ne reparut plus, nous revînmes à Jérusalem. Il essaya d'établir la loi de Jésus. Emprisonné puis relâché, enfin il dut partir, chassé par les persécuteurs qui étaient effrayés de leurs miracles. A cet instant les apôtres se divisèrent, allant évangéliser les contrées les plus éloignées ; Pierre alla à Antioche puis dans la Cappadoce, la Bithynie et à Pont où il fonda des églises, surtout à Antioche où il resta près de dix ans. Son désir d'évangéliser les romains corrompus le fit venir à Rome où il forma de nombreux adeptes, où saint Paul fut son coadjuteur, son, mulé aidé de saint Marc, son disciple. Mais les persécutions continuant avec Néron, il fut mis en prison s'évada, fut, repris et condamné au supplice de la Croix comme son divin Maître qui le visita et le soutint à son dernier moment. Ce crucifié ne voulut pas mourir comme Jésus, demanda qu'on lui mit la tête en bas. Ce vénérable apôtre mourut âgé et entraîna une foule de croyants à subir le martyre. Plus heureux que nous, spirites, vous n'avez pas vos martyrs ; malgré cela, la loi simple et si douce de Dieu fait son chemin lentement Cette lumière inondera le monde terrien un jour ; ils pourrront dire, ces fils de Dieu : « Que votre volonté soit faite sur la terre comme dans les autres sphères. » Ce sera le commencement du vrai règne de Dieu ici bas. Travaillez donc tous, mes amis, à votre perfection pour la vie spirituelle, c'est ce qui fera votre bonheur et le nôtre.

SAINT JUDE *Apôtre*.

L'Hosanna

Jésus avait été forcé de quitter Jérusalem, il y avait quelques mois, car l'esprit de domination des grands prêtres très troublés par les prédications de Jésus qui

était compris des petits et des humbles le faisait déjà
persécuter par les rabbins et les juifs de qualité. Les pharisiens corrompus ne pouvaient admettre les maximes
du Maître. Force nous avait été de partir en toute hâte
de Jérusalem. Mais Jésus avait ses amis à Béthanie, il
voulut les voir et ne pouvait que passer près de la ville
maudite pour aller chez Simon, Marthe et Marie, sœurs
de Lazare. La veille de la semaine de Pâques, les amis
de Jésus à Jérusalem lui firent dire de venir chez eux,
qu'on lui préparait une entrée triomphale car il s'en
fallait de peu qu'on le déclara roi. Jésus ne l'entendait
pas ainsi. Mais le lendemain, voyant la foule de ses disciples massés aux abords de la ville, il prit une ânesse
attachée là et monta dessus pour arriver plus vite et
dominer la foule. On l'aimait parmi son peuple, ses disciples; il était notre roi, notre Maître, notre amigo chéri.
Réjouissez-vous, criaient des nôtres, voilà votre roi qui
vient à vous. Tous avaient des palmes. Aux disciples
se joignirent les curieux et des milliers de palmes s'agitèrent sur le passage de Jésus qui se rendait au temple.
Hosanna, criait le peuple, gloire à Dieu au plus haut des
cieux, voilà son prophète qui nous arrive, saluons-le, saluons-le, gloire, hosanna. Jésus souriait et sa bonté tranquille paraissait calme, sereine. Il bénit les enfants sur
son passage. Les vieillards et les infirmes, tous ceux
qui ne criaient pas hosanna mais qui l'imploraient du
fond du cœur, ceux-là, Jésus les comprenait. Le voilà
à la porte du temple, il est fermé, cette multitude en fête
effrayait les grands prêtres et on avait fermé les portes.
Mais, du bout de son bâton, frappant à plusieurs reprises,

il se nomma et entra avec nous. Au temple, son autorité divine prenait une grandeur sublime; déroulant les tables de la loi, il interprétait selon ce que Dieu lui inspirait; et cette loi si simple, qu'il prêchait, effrayait ces mauvais juifs cousus d'or qui ne pouvaient comprendre la pauvreté et confondaient le royaume de Dieu avec le leur. A la nuit, après la prière, l'hosanna retentissait encore. Jésus chez Nicodème priait et se préparait à ce grand acte de la pâque qui devait être le dernier de sa vie. Il préparait son dernier moment, sa triste fin, voulant sauver le genre humain dignement, avec toute la charité dont son cœur était plein.

Ah! vous, riches de ce monde, Pharisiens de cette époque, vous oubliez cette loi de Dieu qui n'est que charité et amour; si vous ne vous convertissez, Dieu vous dira comme Jésus disait aux Pharisiens : « Il est plus difficile à un riche d'entrer dans royaume du ciel qu'à un chameau de passer par le chat d'une aiguille. » Voyez-le, spirites, votre chef monté sur une ânesse, quelle gloire rayonne autour de lui, écoutez l'hosanna qui retentit et sera l'hosanna de là-haut si vous savez continuer et travailler à la mission que Dieu vous a confiée pour le salut de vos frères.

Saint Mathieu Évangéliste.

La Pâque

L'hosanna venait d'être célébré avec pompe (ainsi

qu'il avait été dit par les prophètes, cela devait s'accomplir). Le cœur attristé de mes apôtres préparait la pâque et je me sentais envahi par un sentiment humanitaire d'une grandeur semblable à l'univers, voulant perpétuer par un souvenir notre dernière réunion. Marie Chéopas, Marie et Marthe, Josepha, Madeleine s'empressaient de préparer le festin chez Nicodème. J'étais préoccupé de la rencontre de tous mes disciples dont quelques-uns étaient absents: Mathieu, Thaddée partis revinrent et nous pûmes célébrer avec simplicité cette pâque mémorable. Nous voilà au festin, tous mes douze autour de moi, Judas en face, Jean appuyé sur mon cœur, Pierre à ma droite, Jude à côté de Jean, Jacques près de Pierre, puis André, Mathieu, Philippe, Barthélemi, Simon, Thaddée et Thomas. Tous, en prière, nous mangeâmes l'agneau pascal et le pain sans levain selon le rite Juif. Et après la dernière ovation à Dieu, je pris ma coupe, l'offrant à mon père, je la bénis, bus et la passais à tous mes disciples, leur disant : « En mémoire de mon sang » car ma mort était proche. Puis prenant le pain, le rompant, j'en donnais, une parcelle à chacun (cela en mémoire de la mort de mon corps.) Ils comprirent que cela voulait dire rémémoration et non réincarnation; car, depuis eux, ces mots consécration, sanguification ont été ajoutés et non compris. Cette mémoire était, pour ma Passion, acte pour marquer mon passage sur la terre, le rachat des pécheurs comme tous les faits de ma dernière heure. Ainsi donc, spirites, voilà dix-huit siècles que je suis venu célébrer cette pâque et vous hier, en grand nombre, avec votre cinquantaine vous avez consacré l'édifice du spiritisme, cette élection de Dieu, paroles que j'ai dites et enseignées, commémoration des actes si simples du spiritisme, se rapportant à ma vie, à ce que j'ai enseigné. Oui, je suis votre Sauveur, c'est moi qui par mes souffrances retiens encore le bras de l'Éternel. Bien des maux sont épargnés par moi qui reçoit toutes vos prières. Ce soutien si inébranlable ne vous fera jamais défaut et je serai avec vous jusqu'à la consommation des siècles. Courage, pensez à votre avenir, spirites, médiums chancelants qui tournoyez dans des idées confuses et voulez arriver plus vite que Dieu ne l'a commandé. Le temps est venu où la lumière éclatante du spiritisme, où ce germe grandira dans nombre d'âmes ignorantes. Chaque jour, chaque heure est la marque du progrès de cette immense charité qui unira la terre au firmament. L'univers sera en fête lorsque la terre sera meilleure par ses fils qui seront alors fils réels de Dieu et le verront avec moi dans sa gloire.

Je vous bénis,

Jésus

Les Oliviers

J'étais à Jérusalem depuis quelques jours pour la pâque que je devais célébrer avec mes disciples. Je veux seulement vous parler du plus triste moment de mon existence. Après le repas de la pâque, j'étais allé au Jardin des Oliviers, près de Jérusalem, pour méditer et prier comme j'en avais l'habitude. Je pris avec moi Jean et Jacques, fils de Zébédée, Pierre-Simon et Jude. Tous se réunirent à moi par la prière; mais voulant subir seul ma souffrance dont mon âme était pleine, je les priais de s'éloigner un peu. Le trouble de mon âme était tel que je me crus abandonné de Dieu. Des larmes et des sueurs de sang m'affolèrent et mon esprit vit la torture de mes derniers moments. Courbé par les plus amers regrets et si peu que je sentis mon corps, je ne pus me retenir et tombai la face à terre par la désolation intense de mon âme. Et je criais: « Mon Dieu! Mon Dieu! pourquoi m'avez-vous abandonné!... Si ce calice d'amertumes peut s'éloigner de moi, faites le, ô mon Père. » Sept fois je retombais en agonie, comme près de mourir et souffrir, âme et corps, toutes les souffrances peccables du genre humain. Cependant le courage me reprit et j'allais vers mes disciples qui étaient endormis. Pourquoi ne pas avoir veillé, leur dis-je, veillez et priez, l'heure est proche. Puis, je me levais à peine du gazon où j'étais assis, qu'une troupe de soldats pénétra dans le jardin avec un des miens à leur tête: Judas Iscariote. Celui-ci vint à moi et m'embrassant: « Maître, je vous salue ». Et les soldats portèrent la main sur moi. Avec leurs lances et leurs piques je ressemblais à un malfaiteur qu'on voulait arrêter. M'adressant à cette troupe, je leur dis: « Tous les jours j'étais parmi vous, soit dans le temple, soit par la ville et vous ne m'avez point arrêté. » Mais Judas m'avait vendu pour trente deniers. Je lui dis : « Mon ami, qu'êtes-vous venu faire ici. » Enfin je regardais le traître avec miséricorde, il me comprit et pleurant, il partit. Cet acte de trahison m'était le plus pénible, un des miens, de mes chers disciples; me vendre ainsi.

Ah! chères âmes souffrantes, faites comme moi, appelez votre Père, il vous entendra.

Âmes incarnées et désincarnées, entendez cette miséricorde du Dieu d'amour qui répond à la supplication sincère et aimante. Soyez donc fermes, vous, les chancelants. Lorsque vous penserez à moi, j'enverrai un ange ou je viendrai vous porter la consolation. Regarde plus haut, âme en détresse, pense que cette terre, qui est ton lieu d'expiation, si tu sais vaincre ta répugnance à la souffrance, elle sera ton lieu de sanctification et tu viendras purifiée avec nous qui te recevrons avec joie et te garderons une place heureuse dans la félicité. Aimez-vous, frères spirites, aimez vos frères à venir, resserrez-vous sous ma bannière, la Croix.

Je vous bénis,

Jésus

La trahison de Judas

Depuis longtemps, Jésus soulevait des discordes et des haines parmi ces pharisiens trop riches, vicieux, et les princes des prêtres soutenus par Anne grand prêtre honoraire qui avait plus d'ascendant sur le peuple. Les grands prêtres Anne et Caïphe cherchaient les moyens de se débarrasser de Jésus qu'ils prenaient pour un perturbateur de leurs lois et, si peu roi qu'ils le crussent, s'en moquaient et soulevaient la foule contre lui pour le faire mourir (Ainsi disaient les prophètes). L'hosanna avait été magnifique, enthousiaste, jamais on eut dit que le complot mortel allait se dérouler. Jésus fit préparer la pâque et nous allions avec le Maître la célébrer une dernière fois comme il nous le disait. A table, Jean à côté de Jésus lui demanda: « Quel est celui qui doit vous trahir. » — « Celui qui met la main au plat avec moi, dit Jésus ». En ce moment, Judas, en face, mettait la main au plat; il entendit mal, préoccupé de sa honteuse action, car il avait déjà été tourmenté par un envoyé de Anne. Il se sépara de ses compagnons pour aller trouver le grand prêtre et lui vendit Jésus trente deniers. La rage de l'esprit obsesseur qui était à son comble se reflétait sur les traits du traître, c'était affreux à voir; un de nous le voyant sortir de chez Anne voulut l'arrêter, il ne put.

Jésus venait de partir, après la pâque, au Jardin des Oliviers à Gethsémani, près de Jérusalem, il y passa la nuit en prières avec quelques apôtres et, sur le point du jour, nous vîmes une troupe de soldats suivant, le long du rempart, le chemin qui conduisait aux Oliviers où nous nous rendions nous-mêmes. Nous avions le pressentiment de ce qui devait se passer, car, en rentrant au jardin, bien après les soldats, nous apprîmes que Jésus avait été trahi, livré, vendu par Judas et nous trouvâmes ce dernier tourmenté de sa trahison qui se décida à rendre l'argent aux prêtres. Jetant l'argent dans le temple, aux pieds de Caïphe, disant : « J'ai vendu le sang innocent ». Partant en hâte, à la dérobée, il alla se pendre.

Oh! le malheureux, accumuler crime sur crime, détruire ce corps qui aurait pu servir, par son expiation, à la réparation de son forfait. Pierre a pleuré toute sa vie sa renonciation de son maître. Thomas a pleuré longtemps son incrédulité et a réparé par son apostolat son péché. Ainsi Judas n'a pu, sous la surveillance de Jésus, devenir meilleur et maître de lui-même. Mais les Écritures et les Prophètes n'ont-ils pas parlé ainsi et il fallait que tout s'accomplit ainsi qu'il avait été dit.

Jésus fut donc livré à Anne qui était le plus féroce de tous. Il condamna Jésus sans préambule, car cet arrêt était prononcé depuis longtemps, Anne le renvoya à Caïphe qui le condamna aussi à mort. Mais ces Juifs n'étaient pas les maîtres: on ne pouvait juger, sanctionner une condamnation sans la sanction romaine. On envoya donc Jésus à Pilate qui lui demanda ce qu'il entendait par sa royauté. Ce que Jésus lui expliqua par le royaume du ciel et en quelques mots la loi de Dieu. Ce payen écoutait, émerveillé, sans en comprendre le sens ; mais, ne trouvant pas Jésus coupable, il le renvoya à Hérode, pour s'en défaire et ne pas le condamner. Hérode le questionna plaisamment ; il croyait avoir affaire à un devin et s'en divertissait ; il le fit revêtir d'une robe blanche, la robe des fous, et le renvoya à Pilate qui, ne pouvant le trouver coupable, trouva le moyen de le mettre en comparaison avec un malfaiteur, Barabbas, qui devait être exécuté. Mais le peuple voulut qu'on lui délivra Barabbas pour condamner à mort Jésus l'innocent. Cependant la femme de Pilate, qui avait vu Jésus au temple où elle allait cachée, attirée par la bonté de Jésus, la bonté qui rayonnait sur son visage; elle ne trouvait pas coupable ce Jésus et, rêvant de lui, elle suppliait son mari de ne pas le condamner. Pilate de répondre au peuple : « Que vous a-t-il fait? » « Qu'il soit crucifié ! » « Il est innocent ! » « Qu'il soit crucifié ! » A tout ce que Pilate disait pour innocenter Jésus, soutenu par les supplications de sa femme, le peuple répondait toujours : « A mort Jésus ! » Et cela pendant trois heures durant, pendant que la veille et la matinée on avait traîné notre divin Maître de tribunal en tribunal. Pilate, excédé, céda et, se lavant les mains, leur livra Jésus, disant : « Je m'en lave les mains ». Mais le peuple répondit : « Que son sang retombe sur nous et sur nos enfants. » Il ne savait pas si bien dire, car Jésus pardonnait à ses bourreaux, à tout ce peuple juif, pour le sauver ainsi que tout le genre humain. Humanité, reconnais ton Sauveur, celui qui a donné son sang pour toi. Innocents qui souffrez dans l'oubli, courage. Insultes, opprobres, médisances, frères, recevez-les avec humilité; que sont quelques années de souffrances en comparaison des siècles d'avancement pour l'Éternité.

SAINT MATHIEU *Évangéliste.*

Ecce Homo

Voilà le procès de Jésus commencé ; on venait de le traduire chez Anne, ou Hanam, et celui-ci, juif et Pharisien orgueilleux, avait condamné Jésus à mort. Cependant aucun rite juif ne pouvait condamner sans la loi romaine qui était souveraine. On mène donc Jésus d'Anne chez Caïphe et celui-ci se trouvant sans autorité, le renvoya à Pilate, gouverneur romain, qui interrogea Jésus à part. Comme on approchait de la pâque et que la loi israélite défendait d'entrer dans le palais romain, ils restèrent sous le péristyle et Jésus, seul avec Pilate, dit ses belles maximes qui n'éveillèrent qu'un sentiment juste chez celui-ci ; il ne voulait pas condamner Jésus et leur dit qu'il ne trouvait pas coupable ce Galiléen. Mais Pilate, pour contenter ce peuple, le renvoya à Hérode qui le renvoya à Pilate avec la robe des fous, la robe blanche. Pilate fort de mauvaise humeur d'être dérangé ; sur le prétoire, il le donna aux serviteurs pour le lapider parce que le peuple criait à tue-tête : « Crucifiez-le ».

Le voilà au Prétoire avec les soldats brutaux. Mais Jésus, sans se plaindre, les laissa faire. On le couronna d'épines, et enfonçant cet horrible ornement sur sa tête, le sang coula et l'aveugla. Ce n'était pas assez, on le flagella vivement, le frappant au visage et lui disant : « Christ ! qui t'a frappé ». Ruisselant de sang, on le couvrit d'un manteau écarlate. Pilate, croyant avoir fait assez, le présenta à la foule, sur le balcon, en disant : « Ecce Homo ». Voyez-vous, frères spirites, ce triste spectacle quand vous vous plaignez d'une insulte, d'un mot de travers, vite votre nature pourtant douce s'irrite ; prenez modèle sur ce Jésus, sur cette patience et tendez comme lui une joue si on vous frappe l'autre. Bien des méfaits seraient évités si on se représentait l'Ecce Homo. Dans toute famille, on devrait avoir une image afin de s'engager à la patience pour obtenir la récompense, si on veut ressembler au divin modèle. L'avenir paraît moins sombre, frères amis, parce que votre zèle spirite, comme vous le dites, va régénérer le vieux monde terrien.

Courage, nous sommes avec vous pour promulguer cette loi qui vivra jusqu'à la consommation des siècles.

Saint Jean *Évangéliste.*

Simon de Cyrénée

Nous venions de sortir de la foule qui criait : « A mort Jésus le Christ, roi des Juifs ! » Sur un ordre bref de Pilate, on donna la croix à Jésus, ce terrible instrument de son supplice. Nous venions de nous heurter à un sentiment pénible qui traversait la foule, car tous nos galiléens étaient ici avec quelques apôtres (Car remarquez ce que je vous affirme, on a dit que les apôtres avaient abandonné leur maître, ce qui n'est pas admissible, ils étaient cachés dans les maisons de Nicodème et de Joseph d'Arimathie). Nous voilà sur la route du Calvaire, Jésus ployant sous sa croix, affaibli par les plaies de son corps et la perte de son sang, tomba sous son faix, on le relève à coups de pieds, à coups de lances. Notre Maître fit encore quelques pas; à ce moment, nous nous faisions les signaux pour le délivrer, cela n'a tenu qu'à peu de chose près de cent Galiléens et Cyrénéens étaient là. Et Simon de Cyréné, sortant des rangs, s'offrit à porter la croix du divin Maître. On le laissa faire, Jésus seul, chancelant, allait tomber entre nos mains lorsqu'un soldat brutal le précipita à terre. O terreur ! notre plan manquait et Simon, traînant la croix, attendait toujours cette délivrance pour être à son tour insulté. C'était un disciple éloigné du Maître, mais ardent adorateur. Simon aurait été jusqu'au Calvaire, si l'enlèvement de Jésus n'avait été pressenti par deux centurions qui surveillaient Jésus de très près. Nous cheminions bien douloureusement en voyant, pour la dernière fois, Jésus chargé de sa croix et Simon repoussé. Ah ! frères voyez la divine pitié de ce frère allant aider l'autre à sa charge pénible et quelle charge. C'est là que vous devez puiser des enseignements de savoir soulager vos frères dans les moments les plus pénibles de leurs souffrances et que d'amour contenait nos cœurs et les faisait voler pour la délivrance de Jésus. De même l'amour, fils de la pitié, est le sens ému de l'âme et l'amour, dis-je, sera couronné par des fleurs épanouies là-haut lorsque vous aurez acquitté vos souffrances ici bas. Grandes et petites souffrances, regrets et souvenirs, tout vous sera compté si vous savez mettre votre espoir en Dieu qui ne vous abandonnera jamais.

Saint Jean *Évangéliste*.

Jésus rencontre sa Mère

Le matin du supplice, Marie, mère de Jésus, apprit la fatale sentence que Madeleine lui avait annoncée avec désespoir. Marie voulut aussitôt voir son fils et appuyée sur Saint Jean, de l'autre côté, Madeleine, les autres saintes femmes à l'arrière, ils prirent la route du Golgotha par le centre de la ville d'abord; puis, suivant les remparts pour éviter la foule, ils purent à une éclaircie d'une petite rue adjacente, s'approcher de Jésus. Marie, surmontant sa douleur intense, s'approcha de son divin fils, ne le reconnaissant pas sous cette couronne d'épines, sanglant, défiguré. Malgré les soldats, ils s'embrassèrent. Jésus trouva encore l'instant de consoler sa mère qui s'affaissa inanimée dans les bras de saint Jean. Marie reprit ses sens lorsque sainte Véronique, se détachant derrière le groupe des filles de Jérusalem qui suivaient Jésus en pleurant, vint, avec un linge blanc, essuyer la figure de Jésus, linge qui conserva les traces des traits du Maître; ce linge fut retouché plus tard par saint Luc qui était peintre et conservé longtemps à Rome.

Marie ne laissa plus son fils car les soldats en voyant cette mère désolée comprirent que c'était la dernière consolation lui donner d'accompagner Jésus à son supplice. Quelle affreuse souffrance pour cette mère de voir son fils adoré traîné par ce peuple ivre de cruauté, traité pire que les deux bandits qui accompagnaient Jésus. C'est ce tourment perpétuel qui fit progresser l'esprit de Marie. Car, tout en se soumettant à la volonté de Dieu, elle souffrit jusqu'à son dernier souffle.

Voilà l'exemple, mères attristées. Dites-vous que vous avez une avocate puissante auprès de Dieu. Vous pouvez toujours l'invoquer, elle vous protègera et vous soutiendra dans vos faiblesses. Pensez à cette mère qui est celle de tous les vrais enfants de Dieu ; elle vous couvrira de son manteau de gloire là-haut, car elle est la puissante médiatrice de ceux qui l'invoquent avec ferveur.

Saint Mathieu *Évangéliste.*

Filles de Jérusalem

Pourquoi pleurer sur moi, filles de Jérusalem, pleurez plutôt sur vous et sur votre perfide patrie. Ainsi je disais aux filles de Jérusalem qui étaient apitoyées sur mon triste sort lorsque, chancelant, je passais près d'elles, me rendant au Golgotha. Plusieurs étaient comme privées de vie et mon esprit qui commençait à laisser son corps, me donna la force de surmonter ma douleur et de leur adresser ces paroles. Ah! oui, spirites, c'est à vous que je viens redire cette phrase : je voyais dans l'avenir, le peu de profit que ma Passion compterait pour les pécheurs je voyais l'inutilité de mes souffrances et avec la divine pitié fille de la charité ; qui me guidait sur la voie du supplice, je reviens plus calme et moins surpris que dans ce temps car voilà votre mission qui se place un peu dans votre sphère. Aux quatre coins on parle du spiritisme; mais que de désordres encore à comprimer, que de fautes à réparer par votre charité d'avertir vos frères. Charité de prières, charité de pardon des offenses et pitié pour tous ceux qui souffrent, cette vertu des filles d'Israël qu'une surmontant sa faiblesse prit son linge de sa tête et vint m'essuyer le visage; charité pour charité, je les avais consolées, elles me le rendirent et me firent voir moins souffrant que j'étais, puisque le sang m'aveuglait avec les crachats.

Ah! plusieurs ont compris ce que voulait dire de pleurer sur elles, sur leur perfection à venir dont je leur parlais; certes, c'était toute ma pensée, mais les autres sont restées ignorantes, quelques esprits sont encore parmi vous.

J'ai peiné jusque sur le Calvaire et ce souvenir me restait malgré mes douleurs. Ah oui, patrie ingrate qui ne me connaissait pas; mais ce n'était pas la patrie d'Israël, c'était celle du monde entier. La terre est bien souillée à présent par les guerres, l'ambition et l'orgueil de ce siècle. Priez, ayez pitié, mes frères spirites, surtout, allez vers ceux qui sont délaissés et qui auront un cœur pour vous comprendre. Adressez-vous au mien qui bat toujours d'un violent amour pour les hommes sur lequel vous vous appuierez et je vous soutiendrai.

Je vous bénis,

JÉSUS

Les trois chutes de Jésus

Les trois chutes de Jésus représentent pour les esprits bons, aimant Dieu, les trois dernières incarnations avant d'arriver au but suprême de la félicité. Remarquez, Jésus sortait à peine du Prétoire, il tomba ; le poids de sa croix, qui était très lourde, en bois de cèdre, le fit ployer une seconde fois lorsque Simon de Cyrénée s'offre de porter sa croix ; après qu'il eut vu sa mère et consolé les filles de Jérusalem, la force et le courage lui manquant, il tomba une seconde fois. Mais, comme il sortait de la ville et arrivait au montant du Golgotha, il tomba une troisième fois, puis ne fit que traîner l'instrument de son supplice jusqu'au faîte du Calvaire, mais aussi les soldats tirèrent la croix de quelques mètres pour arriver au but. Les deux larrons, qu'on avait envoyée au supplice avec Jésus, avaient des croix plus légères ; comme ils n'avaient pas été flagellés, point perdu de sang, ils portèrent leur croix sans faiblesse jusqu'au sommet du Golgotha. Le divin Maître a voulu nous montrer par là qu'on tombe souvent dans chaque incarnation mais qu'on se relève plus vaillant pour monter ou progresser dans l'erraticité ; pour reprendre une autre incarnation et se relever encore si l'on tombe en route, mais que la dernière incarnation est sans transition de la vie corporelle a la béatitude. Dieu pardonne chaque chute lorsqu'on a le désir et la volonté de s'amender; dans chaque nouvelle existence il donne des forces pour arriver à la dernière incarnation dont on a l'intuition que ce sera la dernière ; plus spiritualisé, l'esprit veut retourner à Dieu, son but et le centre de tout. Rien ne doit vous rebuter ici bas; plus les peines sont nombreuses, plus vite vous arriverez au but et si vous supportez bien les épreuves, pensez à la place supérieure que vous occuperez dans l'erraticité. Ainsi, courage amis, armez-vous de patience et de charité. La résignation vous adoucira les amertumes d'ici bas et la charité sera le baume qui calmera vos douleurs. En attendant de vous préparer une place très digne près de nous ; nous vous aiderons, si vous nous appelez à votre secours, et, surtout, si vous mettez vos souffrances aux pieds de Jésus; ce protecteur chéri vous en tiendra compte et plus que sur tout autre vous pouvez compter sur son appui.

Saint Pierre *Apôtre*.

La voix sacrée

Jésus sortit des Oliviers, jardin de Gethsémani qui était près des remparts de la ville, sur la droite. On lui

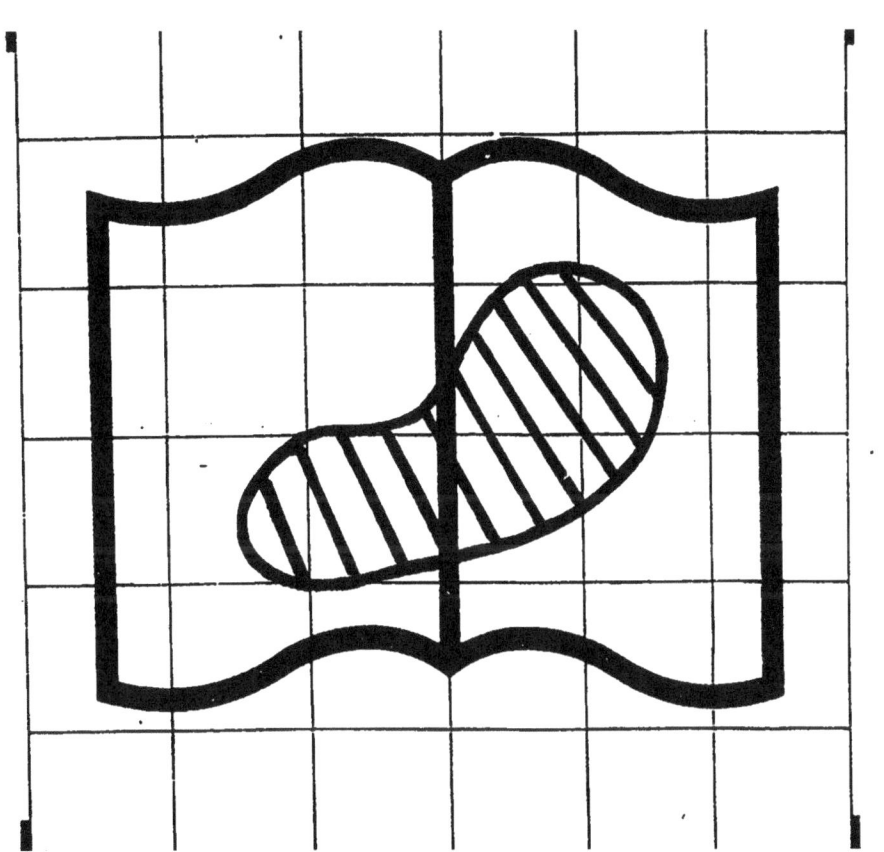

lia les mains et on le conduisit, comme condamné déjà, chez Anne, à l'autre extrémité de la ville où était le palais des grands prêtres Caïphe, de nom titulaire, et Anne, beau-père de celui-ci, ayant toute la puissance et la tyrannie. Jésus se rendit de là, par les couloirs, chez Caïphe. Mais d'ici on le mena chez Pilate par les grandes rues, passant devant le temple et près de là était le palais romain. Pilate le renvoya à Hérode, celui-ci à Pilate de nouveau; il fit donc, ce divin Maître, comme trois fois le tour de la ville. Sur son passage, plus d'un de ses disciples se trouvèrent et Pierre, après qu'il eut renoncé son maître se retrouvant sur son parcours, se frappait le front à terre pour demander pardon; son regret était dans son âme, il fut pardonné. Mais arrivons aux derniers moments. La maison de Nicodème était près de celle de Joseph d'Arimathie, c'était là qu'étaient logés les apôtres et les saintes femmes avec Marie, la mère de Jésus. Pour revoir leur Maître, les apôtres, Marie et Madeleine, les autres saintes femmes, il fallait qu'ils traversassent la ville, pour se retrouver au centre, près de la dernière petite rue qui sortait au Nord-Est pour aller au Golgotha. Cette rue étroite avec arcades, pilastres avançant sur la rue, tout cela existe encore. C'est à cet endroit que Jésus rencontra sa mère; plus loin, sainte Véronique, et, au bout de la rue, Simon le Cyrénéen porta sa croix. Ce reste de la voie sacrée est resté pour la foi des pèlerins intact, pendant que tout l'autre parcours n'existe plus. On a reconstruit des temples musulmans, grecs, protestants, catholiques. Tous ont droit à la demeure du Père et ce n'est pas parce qu'ils habitent là-bas qu'ils seront plus vite parfaits. La haine, la jalousie hantent les Lieux-Saints. La simplicité du souvenir de la Passion dont se grave la mémoire est meilleur pour vous conduire en résignés chrétiens, enfants de Dieu. Bien des fois nous t'avons emmené dans ces lieux sanctifiés par Jésus, tu n'as rien reconnu que le reste de cette voie sacrée où ton esprit se promène, errant à la recherche des souvenirs. La vie sur la terre n'est que la répétition en meilleur (puisque la progression existe) sur toutes les qualités du cœur. Vivre en résignation dans la souffrance est bien la plus grande progression d'ici bas; mais joindre la patience, la charité du cœur, l'abnégation de toute gloire, vivre en humilité et offrir cela à Jésus en union avec ses souffrances vous acquerra une place près de ce divin Maître. Puissiez-vous, frères spirites, vous sanctifier dès à présent. Surveillez votre langue, pas de médisances, pas un mot pour dénigrer vos frères ; charité, toujours charité et amour. Réprimez impatiences, murmures, tournez vos regards vers la céleste patrie en pensant que vous êtes de passage sur la terre. Le bien de vérité que vous répandez, spirites, ne sera pas perdu, car c'est la loi de Dieu et comme Jésus l'a dit : « Le ciel et la terre passeront, mes paroles ne passeront pas. »

SAINT MARC *Évangéliste*.

Crucifiement — Les Saintes Femmes

Ah ! la charité, mes amis, cette divine vertu qui émane du ciel est protégée par la croix.

Ah ! que de choses à vous dire en passant parmi vous pour la première fois. J'étais à Jérusalem avec les disciples et Jésus, Marthe et Marie, sa sœur puis, moi, Madeleine, suivant avec angoisse le procès de Jésus.

Voyant que les paroles de Jésus s'accomplissaient, j'envoyais Jacques, le frère de Jean, chercher Marie à Cana. Elle vint deux jours avant le supplice. Comment vous dépeindre, mes amis, ce que nous ressentions de terreur lorsqu'on nous dit que Jésus allait être crucifié. J'étais atterrée et allais pourtant révéler à sa mère cette triste fin ; j'étais la plus forte et la plus énergique. Enfin, nous arrivons au Golgotha ; là, devant une foule immense de spectateurs, on ôta la robe de Jésus ; cette robe était collée contre sa chair, en emportant les lambeaux, le sang coula à grands flots et Jésus, ses forces épuisées, tomba à terre. On le porta sur la croix ; ils étaient six soldats à traîner ce corps adorable. Ah ! voilà la vraie charité ! Entendez-vous ce sacrifice, ces coups de marteaux enfonçant les clous énormes dans les chairs ! Tous mes sens étaient cloués avec ceux de Jésus. Oui, j'aurais voulu être là, à sa place, souffrir dix fois plus ; mais non, notre amour était là sur la croix. Il agonisait sans se plaindre et lorsqu'on lui donna à boire le fiel ce fut son dernier regard qui tomba sur nous. Ah ! qu'il était éloquent, énergique, voulant unir sa souffrance au monde, le racheter une fois de toutes ses infamies. Voilà l'exemple, imitez-le, aimez-le, ce Jésus, et ralliez-vous sous cette bannière, cette croix, qui est la Charité et l'Amour.

SAINTE MADELEINE.

Crucifiement — Les Larrons

Pour ajouter à l'infamie du supplice de Jésus, on lui donna comme escorte, en croix, deux voleurs dont un plus bandit que l'autre. Tout ce qui pouvait humilier ce roi des Juifs, se disaient les princes des prêtres, ce sera pour abattre sa fierté à ce fils de Dieu. Et la rage au cœur pour ce dernier mot, ils voulaient porter un défi à Dieu lui-même en lui crucifiant son fils. Ils ne comprirent pas, ces pauvres esprits. Voilà Jésus en croix, entre ces deux larrons crucifiés également comme lui, mais non sanglants et couronnés d'épines. Tous ces Juifs, envoyés par les Anciens, insultaient Jésus, lui disaient : « Si tu es vraiment le fils de Dieu, descends de la Croix » et tant d'autres insultes que les deux larrons l'insultaient à leur tour, ils disaient « pourquoi ne te sauves-tu pas et nous avec ». Jésus se taisait, prenait Dieu à témoin de son martyre, le suppliait de faire luire la lumière dans le cœur de ces deux larrons. Celui de droite continuait toujours d'insulter Jésus, répétant ce que le peuple en bas disait. Marie, les saintes femmes étaient témoins de ce supplice et je ne pouvais à peine me contenir devant l'insolence de ce peuple. Le larron de gauche se taisait, i finit par demander pardon à Dieu de ses fautes et, vers la cinquième heure, comme Jésus était presque expirant et le larron de gauche aussi, ce dernier demanda humblement pardon à Jésus qui trouva la force de répondre : « Je vous garderai une place dans ma gloire, dans le royaume de mon Père ». L'autre larron mourut longtemps après Jésus et impénitent ; le bon larron mourut quelques instants après Jésus ; son esprit put suivre le divin Maître de suite. Chers amis, soyez ce bon larron qui s'est réconcilié avec Jésus. Par le Sauveur, vous obtiendrez beaucoup de mérites pour la vie de l'erraticité. Mais ne vous attachez pas à la lettre, à la superficie des enseignements, mais au sens réel de la communication. Gravez vous profondément dans le cœur vos fermes résolutions d'après les maximes du spiritisme qui enseigne la même loi que celle de Jésus ; c'est ce consolateur dont notre Sauveur parlait à ses apôtres ; c'est cette bergerie dont les brebis devaient se rendre à l'appel du fidèle berger afin qu'ils ne forment plus qu'un pasteur et qu'un troupeau.

SAINT JEAN *Évangéliste*.

Les sept Paroles du Christ en Croix

PREMIÈRE PAROLE

Mon Père, pardonnez-leur, ils ne savent ce qu'ils font.

C'est le pardon sublime, plein d'amour, qui déborde de son cœur, à notre Jésus, au milieu de ses terribles souffrances du crucifiement. Leçon sévère pour tous les hommes qui oublient cette maxime du pardon. Partout l'orgueil, la suprématie, la haine, la vengeance. La guerre ne cesse de désoler la terre, les peuples s'entre-tuent pour une rivalité sans s'inquiéter s'ils sont frères, qu'ils pourraient s'entendre et se serrer la main entre leurs deux frontières, ou aller à l'encontre de l'un de l'autre sur mer et se pardonner leur erreur. Le duel, à chaque instant, vient jeter une note discordante dans la civilisation de ce siècle, chez les peuples soi-disant civilisés, coutumes barbares, civilisation abâtardie. Votre vrai progrès, mes amis, sera, en vérité, lorsque vous n'aurez ni guerre ni duel. A plus forte raison, il faut commencer par vous pardonner entre ennemis, entre amis, dans les familles, dans les liens les plus intimes. Partout où les esprits taquins, méchants, portent le trouble, il faut penser à la miséricorde de Jésus, à celle de Dieu qui vous pardonne malgré vos offenses et vous abrègera vos peines si vous savez mettre à profit les bons conseils qu'on vous donne ici.

SAINT JEAN *Évangéliste.*

DEUXIÈME PAROLE

A boire.

Jésus était en croix depuis une heure. Ce qui le faisait tant souffrir c'était une soif ardente; il demanda à boire, on lui présenta, au bout d'une pique, une éponge imbibée de vinaigre et de fiel, il ne voulut pas boire. Il avait soif, Jésus, de la justice, de l'alliance humanitaire, surtout de la charité, qui n'était qu'amour. On lui présenta du fiel: c'est bien le cas de toute l'ingratitude des pécheurs, des renégats, des impies envers Dieu. Combien sont dans l'ignorance, mais ces matérialistes, comme ils sont nombreux, et nous comptons dans ce nombre ceux qui ne veulent pas comprendre les premières notions de la loi de Dieu, ceux qui sont indifférents qui vivent commes des bêtes sans prier sans songer à la Divinité. Ah! mes frères spirites, comprenez bien vos maximes et enseignez-les, mais prudemment, pas dans un terrain stérile, car, si un esprit se refuse à admettre votre doctrine, il ne faut pas le forcer et attendre un moment favorable. Si vous avez soif, spirites, de la vie bienheureuse, attendez, pour vous désaltérer, de boire du jus de la vigne dans le royaume de Dieu, vin dont Jésus parlait à ses apôtres le jour de sa pâque: « Je ne boirai plus avec vous du jus de la vigne jusqu'au jour où nous en boirons dans le royaume de mon Père. »

Saint Luc *Évangéliste.*

TROISIÈME PAROLE

Je vous garderai une place dans ma gloire, dans le royaume de mon Père.

Paroles que Jésus dit au bon larron qui lui demandait pardon.

C'est à tous les pécheurs que Jésus redit cela, à tous ceux qui unissent leurs souffrances aux siennes et qui l'invoquent avec ferveur, sachant que leurs prières seront présentées par Jésus à Dieu. Une place sera gardée aux bons spirites qui vivront dans le monde comme n'y étant pas, accomplissant sans murmures, sans faiblesses, la pénible tâche d'ici-bas ; car tous les esprits sur terre, qui est un lieu d'expiation, tous doivent travailler selon leur condition, leurs aptitudes. Cette loi de Dieu est pour tous, riches ou pauvres, intelligents ou simples ; c'est une loi de progression que le travail, parce qu'il impose à l'esprit un germe d'humilité et de sagesse qui est le commencement de la supériorité pour l'erraticité. Songez à cette place que réserve Jésus, votre protecteur, à tous ceux qui travaillent en s'unissant à lui avec Dieu pour but.

Saint Marc *Évangéliste.*

QUATRIÈME PAROLE

Mère, voilà ton Fils.

Le voilà donc, ô Marie, ton fils supplicié expirant, et les regards voilés de larmes n'ont plus assez de lumière pour redire toute ta souffrance ; tu es là, anéantie dans ton angoisse, t'appuyant sur saint Jean. Jésus, ton fils, t'a vue ; dans ses souffrances il s'oublie pour ne penser qu'à sa mère ; la voyant seule, affligée, il prononce ces paroles : « Mère, voilà ton fils ». Marie a entendu, elle accepte. Elle comprend à présent que ce sont tous les pécheurs qui l'invoquent et se mettent sous sa protection, ce sont ses enfants. Oui, mes amis, c'est la vraie protectrice des affligés, confiez-lui vos peines, elle les soulagera, c'est la grande médiatrice entre la terre et Dieu ; par les mérites de son fils, par ses douleurs, elle retient la colère divine qui veut punir justement, elle n'implore pas en vain, cette mère d'adoption, qui a pris le genre humain sous sa garde. Oh ! priez-la, chers amis, avec Jésus, son divin fils ; vous aurez deux protecteurs qui viendront, à votre dernier souffle, dégager votre esprit et l'emporter à une place supérieure dans l'erraticité.

Saint Mathieu *Évangéliste.*

CINQUIÈME PAROLE

Fils, voilà ta Mère.

Ces paroles s'adressaient à saint Jean qui les accepta et les comprit toujours, car il ne laissa pas Marie un seul instant. Il confondait sa peine avec la sienne ou, plutôt, consolait sa mère adoptive. Longtemps après la mort du Sauveur, ils vécurent en Galilée ; mais la domination romaine abaissant l'orgueil des Juifs, ils purent retourner à Jérusalem où il fut avec son frère Jacques et Simon, Pierre, le chef des Apôtres, la tête de la religion évangélique de Jésus. Ils eurent ensuite bien des persécutions, ils furent mis en prison pour leurs miracles ; mais les juges les relâchèrent, voyant à leur raisonnement qu'il ne pouvait venir d'hommes aussi simples mais de Dieu même, sinon de ce Jésus qu'ils avaient crucifié. Saint Jean laissa Jérusalem quelques années après, vint à Éphèse, ville principale d'Asie-Mineure, où il fonda une église qui rayonna au loin, pendant que saint Pierre était à Antioche. Jean le Bien-Aimé emmena Marie avec lui à Éphèse mais la sainte Mère, très vieille alors, voulut retourner mourir où son fils avait été crucifié, ils revinrent à Jérusalem, et Marie, quelques années après, mourait à Béthanie, chez une fille de Marie Cléophas, et fut enterrée dans la sépulture de Lazare, près de Marie et de Marthe. Saint Jean était dans l'âge mûr, il avait accompli son devoir filial ; donnant toute son affection à la mère de celui qu'il avait tant aimé. Il fut martyrisé à Rome où on l'avait amené après l'avoir dénoncé ; sauvé miraculeusement, il fut relégué dans l'île de Pathmos, isolé, où il écrivit, inspiré, son Apocalypse.

Après la mort du tyran Domitien, il retourna à Éphèse où il mourut à l'âge de 95 ans. Exemple pour vous, mes amis, d'observer ce commandement : « Père et mère tu honoreras ». Dieu vous en tiendra compte et vous bénira pendant votre séjour pénible sur la terre.

Saint André *Apôtre*.

SIXIÈME PAROLE

Eli, Eli, lamma sabacthani.

Ainsi, dit Jésus lorsque, près de mourir sur son gibet, il croyait, par sa souffrance, que Dieu son père l'avait abandonné. Oui, spirites, voilà l'enseignement pour vous, pour que vous le portiez à vos frères. Le pardon de Jésus à ses bourreaux et les fautes du genre humain, quel contraste ! Voir ce médium de Dieu ainsi martyrisé qu'à ce point il se croyait seul et abandonné de son Père. Le désespoir pour beaucoup est ainsi et l'excès de la souffrance, qui n'y est pas étranger, mène l'âme à la révolte. C'est vous dire que la plus grande vertu dans la souffrance est la résignation et le souvenir de Dieu qui vous donnera la force de supporter sans murmurer les quelques souffrances passagères d'ici-bas. Voyez souvent Jésus par les yeux de l'esprit, voyez-le sanglant, défiguré, expirant de son suprême amour pour les hommes, et cela jusqu'à la consommation des siècles, voyez comme il pardonne, ce cœur ulcéré de l'ingratitude de ses frères, les embrasse encore et leur donne tout son amour qui meurt avec son corps. Non, veux-je dire, cet amour s'est refait plus fort, plus palpitant. Pourtant le genre humain devient de jour en jour plus méchant, les haines, les discordes poursuivent les petits et les poussent au désespoir. Regardez Jésus, âmes chancelantes, priez Dieu sans cesse, les yeux sur votre crucifix. Dites-vous, d'après ce divin modèle, que vous devez avoir l'espérance pour la vie future, c'est ce que je vous souhaite.

Saint Jean *Évangéliste.*

SEPTIÈME PAROLE

Consummatum est.

Les apôtres, les disciples venaient de laisser Simon vouloir sauver Jésus et s'enfuirent désorientés par différents côtés, espérant tourner le lieu du supplice et venir sur le Golgotha délivrer Jésus. Mais notre Maître était déjà rendu sur le lieu, dépouillé de ses vêtements et cloué sur la croix. Marie, sa mère, et les saintes femmes étaient avec nous pour voir cet horrible sacrifice. Ah! mes frères, pleurez avec moi, tout mon être était surchargé d'amertumes de voir cet innocent, là, entre deux coupables, mourir sur ce gibet infâme. Enfin, vers la sixième heure du soir, Jésus épuisé demanda à boire; on lui présenta une éponge imbibée de vinaigre et de fiel; et, poussant un grand cri, il rendit l'âme, c'est à dire que son esprit déjà dégagé s'en fut se consoler près de son Père. Consummatum est, tout était fini. Ce divin Jésus est là encore, mes frères, regardez-le: Il a les bras étendus pour vous protéger, pour vous bénir et vous pardonner; la tête inclinée pour vous appeler à lui une dernière fois, dans un dernier baiser; le cœur percé d'une lance pour vous faire comprendre qu'il vous faut d'abord briser ce cœur avec toutes ses affections, ses désirs, ses luttes, pour être parfait; les pieds attachés pour vous montrer votre attachement aux liens de ce monde. O humanité, regarde ton Sauveur, celui qui te supplie de revenir à Dieu. Il nous envoie pour vous prêcher de nouveau sa loi, cette loi aussi vieille que le monde, édictée par Moïse et redite par Jésus. Qu'importe le langage pourvu que le terme soit vrai et sanctionné de nous. Les temps passent et la loi est la même, méditez-la, elle est tout entière dans la vie de Jésus et ses enseignements, et vous, spirites, qui devez regénérer le monde: Courage.

Saint Jean *Évangéliste.*

Mater Dolorosa

Lorsque nous suivions le procès de Jésus avec Marie, sa mère, Marthe et Madeleine, dans un lieu solitaire, à Jérusalem, petite maison attenant à celle de Joseph d'Arimathie, nous suivions avec angoisse la phase du procès d'Anne chez Caïphe et Ponce-Pilate. Lors la sentence fatale, nous eûmes, les saintes femmes et moi, une transe horrible quoique je sus du divin Maître ce qui devait arriver. Marie, sa mère, fut prévenue seule meut que le jour du crucifiement ; comment dire cela à cette mère, comment faire admettre une terreur semblable : Être crucifié comme infâme entre deux voleurs, quelle infamie ! Mais revenons au moment où Marie voulut revoir son fils. Ah ! que de prières faisions-nous pour revoir ce Jésus adoré quelles larmes nous obscurcissaient les yeux, quelles transes nous faisaient tressauter de peines amères. Enfin, nous voilà rendu sur le lieu du supplice : tout le peuple s'acharnait à ne pas nous laisser passer. La foule était houleuse, si intense qu'on ne voyait que les lances des soldats. Enfin, à une éclaircie, nous rencontrons Jésus courbé, défiguré et si méconnaissable que nous nous trouvions sans force et sans voix. Marie, sa mère, s'appuyait sur mon épaule et Madeleine la soutenait. Ah ! frères spirites, contemplez cette mère de douleurs près de ce divin fils, le suivant jusque sur le supplice et debout, Mater Dolorosa, au pied de la Croix. C'est là que vous devez mesurer les vôtres, vos douleurs. Ah ! priez-la, cette mère, dites-lui du fond du cœur :

O Marie, mère de douleurs, prenez en pitié la mienne, secourez-moi, défendez-moi et venez à mon aide. Marie, ô tendre mère, voyez celle-ci comme elle aime les siens et ne peut les secourir, servez-moi de force et de soutien jusqu'à mon dernier jour.

SAINT JEAN *Évangéliste*.

La descente de Croix

La nuit noire et profonde qui s'était abattue sur Jérusalem à l'instant de la mort du Sauveur était à son comble pour terrifier les impies, ceux qui reniaient ses maximes, sa parole sainte, l'avaient crucifié. Mais Joseph d'Arimathie, étant parti en voyage avant la condamnation de Jésus, arriva juste le jour du supplice et ne pouvant arrêter cet acte odieux, suivit, le cœur attristé, le triste dénouement. A la sixième heure du soir, on vint dire à Joseph et à Nicodème que Jésus était expiré; ils s'enfurent de suite trouver Pilate puis Anne afin qu'on leur remit le corps de Jésus car il avait dit : « Trois jours après ma mort, je ressusciterai ». Joseph, voulant garder précieusement le corps de son maître, ordonna qu'on descendît Jésus de la croix de suite. Mais une question romaine se souleva ; comme on rompait les jambes des condamnés, Joseph alla de nouveau supplier Pilate ; aidé de la femme de ce dernier, il obtint qu'on ne rompît pas les jambes à Jésus. Détail horrible, Jésus avait déjà les empreintes de la mort, le corps pas encore rigide. Sa mère, les saintes femmes et moi étions là. On détacha Jésus et les clous tombant avec fracas à terre, Jésus fut reçu par nous tous et déposé dans les bras de Marie qui, prenant Dieu à témoin de sa douleur, restait anéantie dans sa peine. C'est là, pères, mères de familles, que la douleur d'avoir perdu enfants, maris, femmes, enfin toutes les douleurs d'ici-bas, c'est là que vous devez puiser votre force et dire du fond du cœur:

O Marie, mère de douleurs, je te prie pour les miens, tous ceux qui me sont chers, mes amis, mes ennemis;

fais qu'ils puissent pardonner comme je leur pardonne. Je te prie pour mon pays, les infortunés, les orphelins qui trouveront aide et protection en toi. Fais, ô Marie, que ta force me soutienne en mettant tes douleurs avec les miennes, que, progressant chaque jour, tu viennes me recevoir au seuil du céleste séjour.

Saint Jean *Évangéliste.*

La mise au tombeau

Les prophéties avaient été toutes accomplies. Un soldat à la mort de Jésus, lui avait donné un coup de lance dans le côté pour se convaincre de sa mort, il en était sorti du sang et de l'eau. Jusqu'à ses vêtements que les soldats s'étaient partagés entre eux et avaient tiré sa robe au sort, Joseph et Nicodème et saint Jean enveloppèrent le corps du divin Maître, après avoir embaumé ses plaies, dans un linceul blanc et l'emportèrent dans le tombeau chez Joseph d'Arimathie. Mais les Juifs, de crainte qu'on enlevât, le corps, y mirent des gardes et scélèrent la pierre d'entrée; ils avaient peur de ce que Jésus avait dit : qu'il ressusciterait trois jours après sa mort ; ce qui n'empêcha pas, dans la nuit, lorsque les soldats ivres et profondément endormis, Joseph et Nicodème soulevèrent la pierre d'entrée avec le cachet et emportèrent Jésus à la hâte, dans un nouveau sépulcre du jardin attenant à la maison de Joseph. Le samedi se passa sans que rien ne put faire soupçonner la disparition de

Jésus; mais, le dimanche matin, la pierre d'entrée du tombeau était tombée et un ange se tenait à l'entrée de ce tombeau vide. Les soldats effrayés s'enfuirent en disant : « Il est ressuscité. Hélas non (pour son corps) quoi qu'on eut bien soigné ses plaies après les avoir embaumées, Jésus n'était plus charnel sur la terre. Ceux qui avaient compris sa résurrection, c'était son esprit, prenant la forme de son corps et revenant près de ses apôtres. Du reste on fut peu de temps à ne plus le revoir, car le soir du troisième jour, il vint nous dire de partir en Gallilée. Cette mise au tombeau, il vous faut voir par là mes amis, la renonciation aux biens de ce monde, plaisirs mondains, sensuels, vains et mortels pour l'esprit. Songez que Dieu vous a donné un corps avec ses sens pour votre progression, en suivant sa loi, et non pour votre perte. Car si vous ne servez Dieu et n'élevez votre esprit de ce terre à terre, tout étant doux et bienfaisant, Dieu vous enverra dans une autre incarnation pour vous apprendre à vous détacher des biens de la terre. Pense à ton âme, à ce tombeau où sera ton corps un jour; dis-toi que c'est peu de chose que la vie et que ce vêtement, ce corps pour ton esprit, tu le regarderas en pitié lorsque tu seras dans l'erraticité. N'attends pas pour être meilleur des années de vieillesse, la mort peut te surprendre: ton heure est marquée de l'autre côté. Dieu seul est le maître des destinées et rien ne peut arrêter sa sainte volonté. Fais donc ton possible d'élever vers Dieu cette noble étincelle qui vient de lui et qui anime ton corps, fais que ce dernier, qui retournera à la terre,

serve à la sanctification et à la glorification de Dieu.
SAINT PIERRE *Apôtre*.

L'Apparition

Après qu'on eut mis Jésus dans le tombeau, dans le grand jardin d'Arimathie, où le propriétaire, Joseph, avait fait construire et tailler dans le roc un tombeau pour lui, Joseph, dans la nuit, pris d'inquiétudes qu'on pourrait enlever le corps de Jésus malgré les soldats et le profaner en l'ensevelissant dans un autre lieu peu respecté et surtout ignoré d'eux, il se décida d'aller trouver Nicodème et, prenant quatre serviteurs dévoués et disciples de Jésus ; ils prirent chez Joseph un linceul fort riche, en soie grise, brodé aux quatre coins de la lettre H. J. marque de famille de Joseph qui se trouvait être celle de Jésus. Avec ce linceul, ils se rendirent tous six par différents chemins au tombeau et comme les soldats étaient profondément endormis, ils purent furtivement soulever la pierre d'entrée et emporter le corps du divin Maître dans un autre tombeau, dans un jardin plus petit attenant à la maison de Joseph d'Arimathie. Plus tard, on fit un temple ou cénat sur ce lieu, à la mort de Joseph. Et Nicodème, survivant le dernier, tint secret ce lieu de sépulture pour les apôtres mêmes, afin qu'on puisse laisser en paix et en sûreté ce corps et ne pas le profaner par les révolutions qui n'auraient peut-être pas manqué d'éclater si on l'eut trouvé. Et, dérision amère, aujourd'hui, sur l'emplacement de ce lieu de sépulture, est le temple musulman. Madeleine, le dimanche matin, dès l'aube, voulait revoir le tombeau du Maître ; mais au devant d'elle se tenait un beau jeune homme habillé de blanc. Madeleine pensant que c'était tôt pour ce jardinier d'ensemencer, mais alors, Jésus se faisant reconnaître, elle se précipita à ses pieds disant : « Maître ! Maître ! » Ne sachant plus rien de la terre, elle voulut le toucher : Jésus étant fluidique lui dit « N'approche pas ». Et voyant comme une ombre de tristesse sur la figure de Madeleine, il lui dit avec bonté : « Tu seras l'élue de mon cœur et beaucoup pardonnée parce que tu as beaucoup aimé ». Et lui mettant un doigt sur le front, il disparut, la laissant éblouie, confondue.

Elle retournait annoncer à Marie, aux saintes femmes, l'apparition lorsqu'on lui dit que Jésus venait de leur apparaître ainsi qu'à Pierre, Jean et Jacques et André, frère de Pierre, leur disant qu'il fallait, sans retard, quitter Jérusalem et partir en Galilée où ils seraient plus en sûreté. Dans la soirée, il se fit voir aux autres disciples assemblés, leur faisant la même recommandation, surtout à quelques apôtres ; puis se tournant vers Pierre, il lui dit : « Tu es le chef de tous, conduis-les, je te les confie et lègue mon pouvoir ainsi qu'à mes douze (Puisque Mathias avait remplacé Judas, que de simple disciple il passa apôtre.) Allez en Galilée, je vous y précèderai. » Les saintes femmes et les apôtres, ainsi que tous les galiléens et nazaréens sortirent de Jérusalem au milieu de la nuit pour ne pas être inquiétés. Heureuse Madeleine qui vit le Sauveur la première ; comme elle l'aima plus que nous tous, cela était juste que ce fut sa récompense. Comme elle, mes amis, allez avec confiance dans la vie en imitant Madeleine dans votre amour pour Dieu. En marchant sur les traces du divin Maître ainsi, vous arriverez dans l'erraticité, que Madeleine vous présente à Jésus qui vous présentera à Dieu. Si ce n'est de cette terre, où la vie est si pénible, tachez de faire votre possible de progresser pour une autre incarnation dans une planète supérieure où vous garderez toutes les vertus et le degré de perfection que vous aurez acquis sur la terre. Puis, avec un peu d'efforts dans cette planète supérieure vous atteindrez à la perfection de vertus qui sont obligatoires pour ne plus être réincarné. Tout doit vous sembler petit en face d'un problème si juste et si grand. Comparez vos mérites et la grande bonté de Dieu, mérites qui seront rigoureusement jugés, étant spirites, car il vous sera beaucoup demandé à vous qui avez beaucoup. Confiance en votre guide qui vous conduira, je l'espère, au céleste séjour.

SAINT MATHIEU *Évangéliste*.

La visite aux Apotres

Jésus se fit voir corporellement et fluidiquement pendant quarante jours après sa mort, c'est-à-dire très régulièrement; il vint redire à ses apôtres toute la loi de Dieu enseignée par lui, d'après ses paraboles et ses maximes; paraboles pour que les esprits comprissent mieux, car, de ce temps, ils n'étaient pas aussi éclairés que maintenant. Il choisit Pierre pour le chef des douze, afin de marquer l'obéissance des autres qui devaient le seconder. A chaque visite qu'il fit aux apôtres, c'était pour les encourager et les réveiller de leur engourdissement. Ces hommes à esprits élevés pourtant n'ayant eu qu'une éducation grossière, ne pouvaient se mettre à la hauteur de la divine mission de Jésus. Il leur reprocha plus d'une fois leur dureté de cœur, mais ne les abandonna pas pour cela. A leur séparation Pierre alla à Antioche fonder son église, Jean à Éphèse, Thomas dans l'Inde, Jude dans l'Arabie, Mathieu dans la Perse, Simon en Mésopotamie, Barthélemi en Arménie, Philippe en Asie, près de l'Inde, André en Achaïe, Mathias, le dernier apôtre, en Éthiopie. Partout, Jésus les seconda. Ils furent tous plus ou moins persécutés; mais Pierre, André, Jacques et Jean furent martyrisés. Jésus les soutint encore dans ces moments douloureux. Cependant Pierre, Jacques et Jean restèrent longtemps à Jérusalem, ne pouvant se décider de laisser les lieux que Jésus avait sanctifiés. Ils furent tant persécutés que Pierre partit à Antioche, Jean à Éphèse, pendant que Jacques resta à Jérusalem. Avec la volonté de Jésus, ils avaient la médiumnité du langage où ils allaient prêcher l'évangile, puis ils eurent le bonheur de se rencontrer quelquefois dans leurs voyages. Thomas et Mathias moururent dans les pays où ils évangélisaient. Et voyez, l'Inde a gardé quelques maximes de ce temps, ainsi que l'Éthiopie. Tous les autres pays ont été envahis plus tard par les barbares incroyants. Quelques arméniens ont gardé leurs croyances, mais les musulmans ont accaparé la plus grande partie et sont loin de suivre les maximes de leur prophète Mahomet. Depuis les apôtres, on a changé bien de leurs idées simples, toutes les religions ont greffé plus ou moins de leurs croyances et aucune n'a gardé la loi première de Dieu, loi qui n'est pas seulement pour cette terre mais pour l'univers entier. Dans les planètes supérieures les esprits sont plus élevés, plus heureux ; ils n'ont pas le tourment de votre pauvre terre : ni guerre, ni duels, rien de brutal, tous Mercuriens, Vénusiens et Jupitériens. Sur la terre la multitude de royaumes indique son infériorité, parce que les rivalités orgueilleuses détruiront bien des systèmes, et les hommes ne se considèreront pas comme frères. Priez donc Dieu que son règne arrrive et, pour cela, travaillez à votre sanctification, à celle de vos frères ici-bas et surtout pour ceux de l'erraticité.

Saint Luc *Évangéliste*.

Thomas

Thomas n'était pas avec les autres lorsque le Sauveur apparut aux apôtres la première fois; ils lui dirent : « Nous avons vu le Maître » ; Thomas incrédule dit : « Si je ne mets les doigts dans les trous des plaies et si je ne vois la trace des clous, je ne croirai pas ». A quelque temps de là, lorsqu'ils furent en Galilée, Jésus vint les surprendre à table. « Approche, Thomas, lui dit-il, et vois la trace des clous et de la lance, mets ton doigt dans mes plaies ». Thomas, après avoir vu, se jeta à ses pieds lui dit « O divin Maître, c'est bien vous je vous reconnais ». Son repentir était dans ses yeux ; Jésus si bon lui pardonna. Ainsi, beaucoup pour vous, les incrédules, êtes ainsi, il vous faut des preuves palpables de la survie et, malgré cela, votre croyance est-elle certaine ? Comme Thomas, dites vous du fond du cœur : Je crois. Qu'importe à ces vaillants apôtres de vous expliquer longuement pour désiller vos yeux, ouvrir votre intelligence, si leur charité n'était là. Ecoutez ces conseils qui ne sont que pour votre bonheur futur. Que sont quelques années de vie ici bas en comparaison de l'éternité. Employez donc bien votre temps, songez à vos intérêts matériels selon ce que veut la nature ; mais, avant tout, songez à la Divinité qui a formé votre esprit pour l'aimer, le servir éternellement.

Saint Marc *Évangéliste*.

Les Juges

Anne, ou Hanam, grand-prêtre honoraire, était beau-père de Caïphe qui était le grand prêtre cruel qui a condamné Jésus à mort. Ils savaient bien que c'était le Messie prédit par les prophètes dans leur bible, mais leur cœur dur et cruel ne pouvait admettre autant de douceur, de justice et de vérité. Aux questions qu'on posa à Jésus: « Êtes vous le Christ ? »—« Je le suis » — « Êtes vous fils de Dieu ? » — « Je le suis » quelle comédie fit ce grand prêtre en déchirant ses vêtements pour dire que Jésus avait blasphémé. Ils ont vu dans l'erraticité, pendant de longs siècles, ce qu'a valu leur condamnation. Mais Dieu pardonne à tous et toujours ils arriveront au rang des bons esprits.

Hérode Antipas, étrarque de Galilée, roi cruel et sensuel, qui fit mourir Jean le baptiseur pour plaire à Salomée n'eut que mépris et dérision pour Jésus qu'il traita de devin et de fou. Pauvre Hérode, il expia une partie sur terre : il fut exilé en Gaule avec Hérodiade, où il mourut misérablement à Vienne.

Ponce-Pilate, gouverneur romain, représentait la puissance du vainqueur. Il voulut ne pas condamner Jésus, mais, forcé par les cris du peuple, prit un stratagème. Pour ne pas prendre sur lui la mort de Jésus, il se lava les mains en disant: « Je m'en lave les mains; vous êtes responsables de sa mort, que son sang retombe sur vous ». A quoi le peuple répondit: « Que son sang retombe sur nous et sur nos enfants. » Pauvre esprit peu énergique qui était seul maître et pouvait empêcher le crucifiement. Toute sa vie, il eut comme un remords et dans sa nouvelle situation en Gaule, où il mourut, il eut, avant de mourir des hallucinations effrayantes qui lui ont duré des siècles dans l'erraticité. Ainsi, mes amis, celui qui ne sait pas sacrifier à ses désirs, à ses obsessions est bien à plaindre ; qu'il prenne donc courage et appelle son guide à son aide, qu'il prie Dieu de l'aider, il obtiendra un soulagement immédiat. Et de jour en jour, sacrifiant quelques besoins matériels pour songer à ceux de son esprit, qui est seul en cause pour être heureux ; car ce n'est pas la matière, qui est animée maintenant, qui sera inerte lorsque l'esprit partira dans l'erraticité, qui aura le bonheur, cette matière n'est qu'un vêtement dont l'esprit se revêt à chaque existence. Qu'importe ce vêtement, songez à la perfection de votre esprit.

Saint Jude *Apôtre*.

La Croix

Cet instrument de supplice de Jésus était, à cette époque, pour tous les criminels le même. Mais celle de Jésus fut faite en bois très vieux et dur de cèdre afin de marquer la supériorité du condamné. Celle des deux larrons était en bois blanc de sapin, plus légère, comme celles qu'on avait en magasin, préparées d'avance pour les criminels. Jésus teignit la croix de son sang : son vêtement arraché avait rouvert les plaies de la flagellation. A sa mort comme à celle des deux larrons, on enterra les croix, les clous, la couronne et on ensevelit les morts. Après la dispersion des apôtres, les persécutions commencèrent ; on ne pensa plus à la croix du Sauveur. Mais après trois siècles de persécutions sanglantes, Constantin se convertissant au catholicisme lorsqu'il eut vu dans les cieux une croix où était écrit : « Par ce signe tu vaincras », alors qu'il combattait Maxence aux portes de Rome ; il remporta la victoire et rentra dans cette ville converti ; c'était un apaisement pour ces trois siècles sanguinaires. Sa mère, Hélène, eut la pieuse idée d'aller retrouver la vraie croix de Jésus. On fit des fouilles ; on les retrouva : mais, comme le temps, l'enfouissement avaient détérioré les bois ; et celle de Jésus sans épitaphe, on ne put la reconnaître que par la guérison d'un malade porté sur la croix de Jésus. Constantin fit construire une église sur le sépulcre et au mont des Oliviers à Bethléem. Trois siècles après Constantin puis les Perses prirent Jérusalem d'assaut, brûlèrent les églises et emportèrent la vraie croix. Mais de suite quelques années après, Héraclius empereur combattit les Perses et leur reprit la croix qui fut rentrée triomphalement dans l'église du Saint-Sépulcre reconstruite. C'est à ce moment que l'on commença à distribuer de la vraie croix au monde catholique. Hélène, mère de Constantin, en avait apporté un bras, alors que pendant sous Clotaire en France, Radegonde, sa femme, au monastère de Sainte-Croix, par l'entremise de Prétexta évêque de Rouen reçut l'autre bras. Ainsi la France fut la première à avoir la précieuse relique pour être distribuée. Dès lors, sous Héraclius on distribua de la vraie croix au monde catholique. Il n'en reste plus à distribuer.

Qu'importe qu'elle eut disparu, la croix est restée debout, triomphante, comme un phare lumineux sur les erreurs des siècles passés. Mais au lieu d'apaisement, que de discordes, de genres de religions sous cette auguste protection. Que vous dit-elle pourtant : sacrifice, amour et charité, union de tous.

C'est là, spirites, que vous devez vous réunir ; c'est de vous dont saint Pierre parlait en disant : « Vos enfants prophétiseront ». Les temps sont venus et vous redites les mêmes maximes de Jésus ; aussi, armez-vous de courage, marchez sur les traces de notre chef, à l'ombre de cette croix qui vous éclairera dans votre pénible route. Les étapes seront encore ardues pour arriver au triomphe du spiritisme et c'est ce bouclier que je vous engage à ceindre pour être vaillants et forts dans la mêlée de la vie.

Croix bénie, saluez-la, embrassez-la, et elle sera votre passeport pour l'erraticité.

Saint Luc *Évangéliste.*

Épitaphe

Il fallait bien distinguer la croix de Jésus comme tous les actes de sa Passion ; ce fut en dérision qu'on lui mit la plaque de INRI qui voulait dire : Roi des Juifs.» Lui qui était le fils de Dieu, disaient-ils, le voilà, ton fils, notre roi, ce que nous en avons fait. Tous ceux qui vinrent voir Jésus l'insultaient et lui disaient Roi des Juifs, descends de la croix, toi qui peux rebâtir le temple en trois jours si tu le détruis. Il ne peut se sauver lui-même comment voulez-vous qu'il nous sauve. Les larrons répétaient ces insultes et riaient de douleurs de se voir les compagnons de ce roi expirant. Ah ! les insensés, esprits durs qui ne comprenaient pas la mission de ce Messie attendu depuis des siècles et annoncé prophétiquement. Ils l'ont assassiné cruellement ce roi. Plusieurs siècles ont été utiles à ces Juifs de ce temps pour se réconcilier avec Dieu. Ce n'est pas roi des Juifs qu'on eut dû mettre mais roi de la terre, de cette humanité qui doit être fière d'avoir près de Dieu un avocat aussi puissant, car c'est lui qui retient le bras de l'Éternel prêt à punir. Jésus n'est qu'en supplications près de Dieu pour cette pauvre terre qui devient de jour en jour plus pervertie. Les potentats ne pensent plus à la Divinité, seulement à leur convoitise, leur vengeance et leur haine contre le voisin de leur gouvernement, il leur sera demandé un grand compte car ceux qui ont les charges dans les États doivent avant tout être justes pour gouverner avec sagesse et loyauté. Un des apôtres vous a dit : « Tournez vos regards au Nord, de là viendra le salut ». Oui ! priez que tous les peuples soient en union avec ce roi qui veut la paix, le désarmement. Dieu pourvoie à tous et la terre est encore assez vaste pour contenir tous les peuples sans qu'il y ait besoin de la guerre pour purger cette terre. Dieu est le maître et on l'oublie trop. Qu'importe la destinée du grand au petit, du riche au mendiant, ils ne sont que pour bien peu de temps sur la terre ; lorsqu'ils arriveront dans l'erraticité, ils verront que le riche d'hier sera le pauvre de demain et que le grand, incroyant, sera le petit, dans une autre existence, qui servira Dieu et progressera davantage. Qu'importe les honneurs, la fortune, la gloire, si rien n'est pour la gloire de Dieu. Parez-vous de vos titres, les ambitieux, les orgueilleux, et comparez les vôtres à l'épitaphe INRI qui, près de Dieu, brille d'une lumière éblouissante, qui fait que les anges chantent : « Gloire à Dieu au plus haut des cieux et gloire à son divin fils Jésus ».

Saint André *Apôtre*.

La lance, les clous, la couronne

Lorsque la pieuse Hélène, mère de Constantin, voulut retrouver la vraie croix du Sauveur, on trouva d'abord, en faisant les fouilles, les clous : ceux de Jésus et des larrons, deux clous de Jésus seulement mais entièrement rouillés et consumés à moitié par la rouille. Mais on ne retrouva pas la couronne ni la lance que le soldat jeta après avoir percé le cœur de Jésus et, très effrayé de voir sortir du sang et de l'eau, il se sauva en toute hâte. La couronne était faite d'une tige d'acacias à longues épines entremêlées de branches d'aubépines; cette couronne inextricable fit plus de cent blessures à la tête de Jésus.

O Martyr divin, qui a souffert sans se plaindre comme la (brebis innocente qu'on égorge sans jeter un cri. La couronne était l'insigne dérisoire de sa royauté, les épines représentent les mille et un sacrifices de la vie car nul ici-bas n'est heureux) pour les âmes ambitieuses, incroyantes, couronnées de leurs passions de leurs désirs insensés. Mais elles représentent pour les âmes pieuses et croyantes la souveraine majesté de leurs sacrifices qui seront comptés au centuple s'ils les présentent à Dieu par la Passion de Jésus. La lance est le symbole du cœur qui se brise pour ses affections, ses liens, ses attachements. C'est pour leur apprendre à rendre grâce à Dieu au milieu de leurs épreuves ; priez ce Dieu qui donne les moyens et les forces pour se sanctifier et arriver plus rapidement à la félicité. Les clous, par la douleur du Sauveur, vous représentent la pénalité de la vie de la terre : pieds attachés sur le sol; mains percées pour le travail rude, abrupt qui sanctifiera l'esprit et le vivifiera par ce commandement de Dieu dit à nos premiers pères: « Tu gagneras ton pain à la sueur de ton front ».

Oui, amis spirites du monde entier, Jésus a donné les symboles pour les âmes ardentes, généreuses, a enseigné ses maximes, son évangile. Armez-vous de la lance des combats, clouez vos enseignements aux quatre coins du monde, afin que le règne de Dieu arrive promptement sur la terre. Mais ceignez-vous le front d'épines, travaillez en vue du salut de vos frères, luttez, combattez en héros pour les erreurs de ceux qui promettent l'enfer qui n'existe pas. Dieu veut que sa cause triomphe et cette couronne pénible sera un jour glorieuse là-haut, changée en couronne de gloire et les légions heureuses viendront à vous en chantant : « Gloire ! Hosanna à ce frère qui aura combattu le péché et glorifié Dieu sur terre ! »

Saint Mathieu *Évangéliste.*

Gloire à la victime

C'est le moment favorable de se rappeler la Passion de Jésus, il est bon de se mettre toujours devant les yeux ces moments pénibles pour bien se persuader que Jésus innocent est venu pour nous sauver. C'est le vainqueur du péché et de la chair : étant resté pur et sans tache, corps et âme, ayant compris dès l'enfance la mission divine qui lui était confiée. Aussi avec quelle noblesse a-t-il sacrifié sa chair, son corps, dont il faisait peu de cas, comme il brûlait d'une immense charité pour le genre humain. C'est dans sa gloire maintenant qu'il vous faudrait le voir, près de Dieu, plus haut que les anges et les corps célestes. O heureuse terre qui a un si grand défenseur près de l'Éternel ! Glorifiez-le, mes amis, par une vie exemplaire de sagesse et de pureté. Un bon spirite comprendra la faveur d'avoir un tel chef et ne travaillera pour sa progression qu'en vue de ressembler à ce divin modèle. Le spirite convaincu est doux, tranquille, humble, charitable, acceptant joies et douleurs indifféremment. Mais quelle ombre se dresse de la terre ? Que vois-je? Agitations, discordes, prévarications; puis ceux qui prêchent la mort de Jésus, promettent l'enfer ou le ciel, sans se préoccuper de la réincarnation qui est la véritable progression. Qu'ils voient par la pensée cette victime triomphante qui est toujours douce et aimante pour l'esprit qui l'invoque avec ferveur; on ne l'implore jamais mon Jésus en vain.

Oui, mon Jésus, je te vois dans ta grandeur, si beau, si magnanime, et j'ose t'implorer pour les pécheurs impénitents, pour les âmes généreuses et charitables; descends de ta splendeur des cieux et reviens sur la terre apporter la consolation et l'apaisement à mes souffrances, viens, ô doux Jésus, convaincre les incrédules, ramener les insensés, confondre les impies, les matérialistes, nos cœurs volent vers toi et, si tu descends parmi nous, nous dirons : Gloire à Dieu au plus haut des cieux ! C'est ainsi qu'il faut dire, frères spirites, Dieu ne peut qu'écouter ces ardentes prières qui iront droit au cœur de l'éternel et vous enverra la glorieuse victime. Gloire à Dieu ! gloire à Jésus ! diront les saintes phalanges et vous, amis, courage et persévérance.

SAINT AUGUSTIN.

Les quatre Évangélistes

Mathieu était apôtre de Jésus, écrivain public avant son apostolat. Il notait dans son cœur les préceptes du

Maître et dans sa mémoire la vie et les derniers moments de Jésus. Avant de partir en Perse évangéliser, il écrivit son évangile et le livre des apôtres à Jérusalem et les laissa aux disciples.

Marc était d'Antioche, fils de commerçants notables; déjà disciple de Jésus par le cœur, il fut vite disciple de Pierre, le chef des apôtres, lorsque celui-ci vint à Antioche où il resta environ dix ans. C'est ainsi que Marc écrivit son évangile d'après les récits de saint Pierre.

Luc était un médecin savant d'Antioche, il fut converti par Pierre et Paul qui était lui-même un converti. Luc fut aussi un disciple de Pierre, mais il vint à Jérusalem, écrivit son évangile d'après les apôtres et les disciples qu'il rencontra. Il aida beaucoup à l'apostolat de Pierre et le suivit pendant de longues années avec Marc et Paul. Si saint Pierre n'a laissé aucun écrit, c'est que d'après ses dictées, plus ou moins bien recueillies, que Luc et Marc purent écrire leurs évangiles.

Jean, le plus jeune des apôtres, parent de Jésus et frère, de Jacques écrivit son évangile après son Apocalypse à Éphèse et distribua cet évangile aux sept Églises qu'il avait fondées en Asie-Mineure. Il mourut du reste à Éphèse à l'âge de 95 ans.

Saint Paul écrivit 14 épîtres ou évangiles d'après saint Pierre; Jacques, Jean, Jude, plusieurs épîtres; saint Pierre en écrivit beaucoup, mais elles étaient signées de saint Marc qui suivit le chef des apôtres à Rome; il y avait même un récit complet de la vie de saint Pierre fait par saint Marc, mais il a été brûlé à Rome.

Luc a écrit les Actes des apôtres avec saint Paul, puis,

après le départ de Pierre, Paul et Marc, il écrivit la vie des disciples d'après Nicodème et ce livre a été également brûlé dans un incendie à Jérusalem les notes particulières de saint Jude ont eu le même sort et beaucoup d'écrits de Jean.

Saint Pierre *Apôtre*.

Les Apôtres martyrs

Dès la mort de Jésus, les romains firent sentir leur cruauté et Hérode Antipas, qui fit couper le cou à Jean le baptiseur et se moqua de Jésus, retrouva sa férocité contre les disciples du Maître, en fit mourir un grand nombre dans lesquels Jacques, frère de Jean, fut exécuté. Avant Pierre, Jacques, Jean furent mis en prison par Hérode qui les relâcha, mais Jacques, seul après le départ de Pierre et de Jean, subit le martyre avec résignation. Néron le cruel était empereur à Rome. Saint Pierre avec Paul, émule et coadjuteur de Pierre, subirent bien des persécutions avant d'être enfermés à la prison Marmerines où ils convertirent par centaines des romains. Saint Pierre, que des amis avaient fait évader, fut repris et retourna à la prison, fut crucifié la tête en bas comme il avait demandé et subit le martyre sans se plaindre comme son divin Maître qui le visita pendant son supplice. Saint Paul qui avait été converti sur la route de

Damas et devint un ardent apôtre, suivit tout le temps saint Pierre et fut quelquefois en mission avec Luc qu'il avait connu le premier, Paul était un élu de Dieu, quoique payen avant, et subit le martyre avec Pierre : comme il était citoyen romain, il eut ta tête tranchée. La deuxième persécution sous Domitien fit qu'on dénonça saint Jean qui fut emmené à Rome, plongé dans une chaudière d'huile bouillante mais Jésus qui l'avait; séparé de son corps fluidique, ce dernier, subissant le martyre, sortit de là sans aucun mal ; cela se comprend : ce qui n'est pas matière ne peut être brûlé. Le peuple, à la vue de ce miracle, se convertit en grand nombre. Ce n'était pas assez pour le féroce empereur ; il fit reléguer saint Jean dans l'île de Pathmos, isolé, visité par Jésus qui lui dicta son Apocalypse. Le catholicisme dit qu'il est obscur, qu'il annonce pourtant le triomphe de l'église; il se trompe ce n'est pas de l'Église mais du spiritisme qu'il faut lire. Saint Jean revint à Éphèse après la mort du tyran Domitien ; de là, il gouverna ses sept Églises, leur écrivit son évangile. Il mourut, comblé d'égards et de faveurs, au milieu de ses disciples, à l'âge de 95 ans. André, frère de Pierre, alla en Achaïe pour évangéliser; il fut mis à mort comme le Christ, sur une croix, mais en côté, à sa demande. Ainsi, en croix, Dieu permit qu'il souffrit toute une journée et il ne cessa, pendant ce supplice, d'évangéliser les barbares qui se convertirent en grand nombre à la parole sainte de ce crucifié. Les autres apôtres et disciples furent maltraités et moururent tous à la peine partout où il portèrent la prédication de l'Évangile. Nombre de disciples subirent le martyre de suite après saint Jacques; à Jérusalem, il faut compter Siméon, parent de Jésus, patriarche de Jérusalem.

Vos maximes n'ont pas fait de martyrs et pourtant l'étendue de cette croyance est consolante. Continuez vos réunions pour les désincarnés et les conférences pour les incarnés, qui depuis un an ont fait un progrès rapide. Courage, mes amis, nous sommes avec vous et bientôt le chef des spirites viendra à votre secours.

Saint Marc *Évangéliste*.

FIN